Bibliografische Information der Deutschen Nationalbibliothek:

Die Deutsche Bibliothek verzeichnet diese Publikation in der Deutschen National-
bibliografie; detaillierte bibliografische Daten sind im Internet über http://dnb.d-
nb.de/ abrufbar.

Dieses Werk sowie alle darin enthaltenen einzelnen Beiträge und Abbildungen
sind urheberrechtlich geschützt. Jede Verwertung, die nicht ausdrücklich vom
Urheberrechtsschutz zugelassen ist, bedarf der vorherigen Zustimmung des Verla-
ges. Das gilt insbesondere für Vervielfältigungen, Bearbeitungen, Übersetzungen,
Mikroverfilmungen, Auswertungen durch Datenbanken und für die Einspeicherung
und Verarbeitung in elektronische Systeme. Alle Rechte, auch die des auszugsweisen
Nachdrucks, der fotomechanischen Wiedergabe (einschließlich Mikrokopie) sowie
der Auswertung durch Datenbanken oder ähnliche Einrichtungen, vorbehalten.

Impressum:

Copyright © 2014 GRIN Verlag
Druck und Bindung: Books on Demand GmbH, Norderstedt Germany
ISBN: 9783656587958

Dieses Buch bei GRIN:

https://www.grin.com/document/268594

Hendrik Kahlbach

'Der flexible Mensch' von Richard Sennett. Eine Interpretation

GRIN Verlag

GRIN - Your knowledge has value

Der GRIN Verlag publiziert seit 1998 wissenschaftliche Arbeiten von Studenten, Hochschullehrern und anderen Akademikern als eBook und gedrucktes Buch. Die Verlagswebsite www.grin.com ist die ideale Plattform zur Veröffentlichung von Hausarbeiten, Abschlussarbeiten, wissenschaftlichen Aufsätzen, Dissertationen und Fachbüchern.

Besuchen Sie uns im Internet:

http://www.grin.com/

http://www.facebook.com/grincom

http://www.twitter.com/grin_com

Richard Sennett – „Der flexible Mensch"

Inhaltsverzeichnis

1   Biographisches zur Person Richard Sennetts

Richard Sennett wurde am 01.01.1943 in Chicago, Illinois geboren.[1] Er studierte u.a. bei Erik Erikson und David Riesman in Chicago und Harvard Soziologie[2]. Heute lehrt er u.a. an der London School Of Economics und an der New York University Geschichte und Soziologie.[3]

In seinem Werk „Respekt im Zeitalter der Ungleichheit" beschreibt Sennett in Auszügen seinen eigenen Werdegang. Aufgewachsen in einer Sozialsiedlung in Chicago, versuchte er in jungen Jahren dieser Siedlung in Form eines sozialen Aufstiegs - zunächst über das Erlernen einer Kunst - der Musik - zu entfliehen. Er spielte zu dieser Zeit Cello, bis ihm dies nach einer fehlgeschlagene Operation nicht mehr möglich war.[4]

In einem sozialistischen, linksintellektuellen Haushalt aufgewachsen ermöglichten ihm schließlich seine Kontakte zur Familie Riesman das Studium an der Harvard University und dadurch den angestrebten Aufstieg.[5] Nach dem Abschluss des Studiums und einer Promotion 1964 folgten unzählige Veröffentlichungen, unter denen einige, wie bspw. der Essay „Der flexible Mensch", der Grundlage für die vorliegende Arbeit ist, zu Bestsellern avancierten. Im englischen Original ist dieses Werk betitelt mit „The Corrosion of Character".[6]

---

[1] Vgl. http://de.wikipedia.org/wiki/Richard_Sennett
[2] Vgl. Richard Sennett, „Respekt im Zeitalter der Ungleichheit", Berlin 2002, S.45ff
[3] Vgl. http://on1.zkm.de/zkm/discuss/msgReader$1112
[4] Vgl. Richard Sennett, „Respekt im Zeitalter der Ungleichheit", Berlin 2002, S.17ff
[5] Vgl. ebd., S.41
[6] Vgl. http://de.wikipedia.org/wiki/Richard_Sennett

2 Richard Sennett, „Der flexible Mensch"

In seinem 1998 erschienen Essay „Der flexible Mensch" zeichnet Richard Sennett ein Bild der modernen Gesellschaft bzw. ihrer Entwicklung und beleuchtet dabei insbesondere das Verhältnis des die Gesellschaft prägenden Kapitalismus auf diese und seine Wirkungen auf das Leben des / der Einzelnen wie auch ihrer Generation bzw. die Identität und den Charakter dieser.

Zentrale Perspektive Sennetts ist hierbei die Betrachtung dessen, was in modernen kapitalistischen Gesellschaften unter dem Begriff der „Flexibilität" subsumiert wird. Zum Essay sind zahlreiche Rezensionen erschienen. Selbst in einem Magazin für Führungskräfte – dem „wissensmanagement", welches Sennett nicht sehr wohlwollend gegenübersteht und ihn abwertend als „Alt-Linken" bezeichnet, „der stellenweise zu Ausfällen gegen den kapitalistischen Anti-Christ in Gestalt von Bill Gates neigt"[7], wurde „Der flexible Mensch" positiv rezensiert. Das „wissensmanagement" attestierte ihm, dass „seine kritischen Töne geeignet [seien], nachdenklich zu stimmen."[8]

Die Rezension der „Neue Zürcher Zeitung", welche auch in Form eines Auszugs auf dem Deckblatt der Essays zu finden ist, enthält eine sehr differenzierte und zum Teil sehr kritische Sichtweise auf den Essay, die u.a. auch auf der Homepage des Onlineshops amazon.de veröffentlicht wurde. In diesem Text schreibt Uwe Justus Wenzel, dass die Schilderungen Sennetts und seine angeführten Beispiele – auch wenn sie in philosophische, ökonomietheoretische und sozialwissenschaftliche Erkenntnisse eingebettet wurden, zu einem großen Teil auf persönlichen Schilderungen basieren.[9] Somit fragt der Autor der Rezension implizit nach der Aussagekraft des Essays und scheint einen Mangel an der Validität der Aussagen und zentralen Thesen des Essays auszumachen.

---

[7] http://www.wissensmanagement.net/online/archiv/2001/09_1001/rezension.shtml
[8] ebd.
[9] http://www.amazon.de/exec/obidos/ASIN/344275576X

Ziel der hier vorliegenden Arbeit ist es, die genannten, zentralen Thesen des Buches herauszuarbeiten und dabei zu versuchen, von Sennett genannte Beispiele möglichst nicht in die Arbeit einfließen zu lassen. Die Arbeit soll keine bloße Inhaltsangabe des Essays „Der flexible Mensch" darstellen, sondern vielmehr die Kernaussagen Sennetts beleuchten. An einigen Stellen war es dennoch sinnvoll, genannte Beispiele kurz vorzustellen, da sie untrennbar von den wesentlichen Thesen waren.

Wie in der Einleitung ersichtlich, werde ich der Strukturierung des Buches folgend diese zentralen Thesen und Aussagen der jeweiligen Kapitel des Essays darstellen.

An Bezügen zu Literatur konzentriere ich mich in dieser Arbeit auf den Essay „Der flexible Mensch", der, wie bereits eingangs erwähnt, 1998 erschienen ist. An einigen Stellen verzichte ich auf die detaillierte Kennzeichnung der zitierten Stellen. Diese sind durch die Strukturierung der Arbeit durch die Übernahme der Struktur des Buches bereits erkennbar. Wörtliche Zitate sind gekennzeichnet.

Im Schlussteil der Arbeit nehme ich eine persönliche Wertung des Essays vor.

2.1 Kapitel 1.) Drift - Wie persönliche Erfahrungen in der modernen Arbeitswelt zerfallen

In seinem ersten Kapitel, das mit „Drift" betitelt wurde, beschreibt Sennett zu Anfang ein Treffen mit einem Bekannten – er wird im Buch „Rico" genannt -, den er seit vielen Jahren nicht mehr gesehen hatte und zu dessen Vater – „Enrico" – er über mehrere Jahre hinweg Kontakt hatte.

Als exemplarisch für die Generation Enricos betrachtet der Autor die Linearität der Zeit im Leben dieser. Diese Linearität vermochte Menschen wie Enrico, einem Hausmeister mit Migrationshintergrund, eine Kontinuität in ihrem Leben zu vermitteln.

Im groben Gegensatz dazu befindet sich das Leben, das die Generation Ricos führt.

Sennett benutzt die Figuren „Enrico" und „Rico", um auf eine Entwicklung hinzuweisen, die sich in den letzten Jahrzehnten des 20. Jahrhunderts vollzogen hat – den Übergang von einer Identität- und Kontinuität - stiftenden Arbeitsauffassung hin zu einer Form der kapitalistischen Gesellschaftsordnung, in der Kontinuitäten und Sicherheiten der Offenheit für Veränderungen und der Bereitschaft, Risiken einzugehen, geopfert wurden.

Ohne vorweg wertend auf die Arbeitsauffassung der älteren Generation einzugehen, stellt Sennett fest, dass diese Auffassung des Lebens Vorzüge hatte, die einer jüngeren Generation in diesem Sinne nicht mehr ermöglicht werden. So ist für die Generation Ricos bspw. mit der Betonung der Flexibilität und des Risikos eine latente Angst verbunden, die Kontrolle über das eigene Leben zu verlieren[10], die in früheren Generationen nicht derart ausgeprägt war.

Die Figur „Rico", die Sennett synonym für eine jüngere Generation nutzt, hatte sich im Kern des Charakters von der Generation des Vaters gelöst und sich in der Arbeits- und Lebensauffassung gegen die Prinzipien dieser älteren Generation gewandt.[11] Statt auf einen „Dienst nach Vorschrift"[12] wird nunmehr das Gewicht auf eine generelle Offenheit gegenüber Veränderungen und Risiken betont[13]. Eine positive Einstellung zu dieser Offenheit kann als ausschlaggebend für eine Entwicklung eines Menschen in seinem Leben betrachtet werden, der dann als sozialer Aufstieg angesehen wird. Um sich beruflich in den höheren Einkommensschichten zu etablieren und Erfolg zu haben, ist es in der heutigen Zeit u.a. nötig, ein gewisses (eher: ein großes) Maß an besagter Offenheit internalisiert zu haben und diese als elementar für die Gestaltung des eigenen Lebens zu betrachten.

Einen weiteren Aspekt des Kapitels, stellt die Auflösung von Kontinuitäten zu Gunsten von kurzfristigen Veränderungen dar.

Diese Form der Flexibilität, in der Beziehungen zu Geschäftspartnern oder aber auch die Ortsgebundenheit von Menschen immer weiter verloren gehen bzw. flüchtiger werden, hat enorme Auswirkungen auf die Charakterbildung von Menschen und deren Gefühlsleben. Die moderne Form des Kapitalismus stellt mit seinen

---

[10] Richard Sennett, „Der flexible Mensch", Berlin 1998, S.21
[11] Vgl. ebd., S.19
[12] Ebd.
[13] Vgl. ebd.

Anforderungen nach Sennett Menschen vor die Problematik, mit der Ambiguität umzugehen, die aus ihrem Wunsch nach Kontinuitäten – nach Freundschaften, Loyalität, Vertrauen, gegenseitigen Verpflichtungen und innerer Sicherheit[14] - und der gleichzeitigen Flexibilisierung nahezu aller Lebensbereiche durch kurzfristige Beziehungen in der Arbeitswelt und die Relativierung der genannten und gewünschten Kontinuitäten, entsteht.

Eine Konsequenz der stattfindenden Flexibilisierung vieler Bereiche des Lebens ist die Angst vor dem „Dahintreiben" – „Drift", einem Zustand, in dem man die Kontrolle über das eigene Leben zu verlieren glaubt, da durch die stetigen Veränderungen Kontinuitäten wie z.b. Werte zwar nicht verloren gehen, jedoch immer schwerer lebbar werden. Sennett nennt aus der Erzählung des Gespräches mit Rico exemplarisch die Ambiguität die man zwischen der beruflichen Erfahrungen, in der z.B. Kontakte kurzfristig auf hohe Effizienz ausgerichtet sind und dem Versuch, nicht gelebte, aber als wichtig wahrgenommene Werte wie Freundschaft in der Kindererziehung zu vermitteln, erfährt, zur Beschreibung dieses Phänomens. „Drift" bezeichnet hier also auch die Furcht, zwar moralische und ethische Grundsätze und Überzeugungen zu erkennen und als Wert zu schätzen, diese – bedingt durch die existenten flexiblen Strukturen und neue Form der Zeitorganisation - nicht in moralisches Verhalten übergehen lassen zu können und dementsprechend u.a. in der Erziehung kein „gutes Beispiel" abgeben zu können.

Wie im Untertitel dieses Kapitels angesprochen, zerfallen durch diese Ambiguitäten persönliche Erfahrungen, die z.T. als elementar für die eigene Lebensplanung angesehen werden.

Die Ursache für eine Veränderung vieler Bereiche des menschlichen Lebens - vor allem im Bereich der Arbeit – sieht Sennett in einem sich weiterentwickelnden kapitalistischen System, welches durch effizientere Versuche der Profit- und Renditemaximierung ständig an Dynamik gewinnt und dadurch alle Akteure, die sich in diesem System bewegen, zwingt, sich individuell dieser Dynamik

---

[14] Vgl. ebd., S.28

7

anzupassen. Anpassung in diesem Feld bedeutet eine zunehmende Anforderung an die Flexibilität der Akteure, die sich scheinbar mit dem neoliberalen Motto des „nichts Langfristiges"[15] arrangieren müssen. Häufige Arbeitsplatzwechsel, Unsicherheiten und die Angst vor dem Dahindriften sind wie die relative Aussicht auf Kapitalanhäufungen die Folge. Ebenso, dass ein „Konflikt zwischen Charakter und Erfahrung geschaffen [wurde und somit] [...] die Erfahrung einer zusammenhanglosen Zeit [...] die Fähigkeit der Menschen [bedroht], ihre Charaktere zu durchhaltbaren Erzählungen zu formen."[16] Sennett beschreibt diese Bedrohung als eine Angst vor der Ungewissheit, die heute paradoxerweise allgegenwärtig ist und die, aufgrund der Feststellung, dass nahezu alle Menschen diese Erfahrung erleben, sich zu einer Normalitätskonstruktion unserer Zeit entwickelt hat.

2.2   Kapitel 2.)   Routine - Ein Übel des alten Kapitalismus

Diesen Gedanken als Ausgangspunkt für seine weiteren Überlegungen nehmend, thematisiert Sennett im zweiten Kapitel seines Essays den Stellenwert der Routine in modernen Gesellschaften und seine historische Entwicklung. Er stellt fest, dass sich die Ansichten zu diesem Phänomen in seiner historischen Entwicklung stark verändert haben.

Während im 18. Jahrhundert zwei verschiedene Auffassungen der Routine die Gesellschaft und deren Arbeitswelt prägten – eine positive, die u.a. Denis Diderot vertrat, wie auch eine negative, wie sie Adam Smith vertrat – ist lt. Sennett der heutige gesellschaftliche Konsens von einer negativen Sichtweise auf „Routine" geprägt.

Denis Diderot, in einer historischen Phase lebend, in der die Loslösung und Verlagerung der Arbeit aus dem familialen Umfeld in separate Räume begann, argumentierte, dass Routine für Menschen eine immanente, spezifische Form der Würde besäße. In der Wiederholung derselben Tätigkeit sah er eine Tugend, die zu

---

[15] Ebd., S.27
[16] Ebd., S.37

8

einer Art Vervollkommnung des Handwerks der jeweiligen Disziplin beiträgt und es Menschen ermöglicht, „zum Frieden mit sich selbst zu finden."[17]

Adam Smith, schottischer Philosoph des 18. Jahrhunderts und Begründer der klassischen Volkswirtschaftslehre, betrachtete hingegen die Arbeitsorganisation der Routine eher als bedrohlich für den Menschen. Die im 18. Jahrhundert entstehende, neue Form des industriell geprägten Kapitalismus veränderte in dieser Phase den Arbeitsprozess in eine Richtung, in der in zunehmendem Maße Arbeitsteilung angestrebt wurde. Nach Smith veränderte diese Entwicklung, die stets mit einer Zunahme der „Routine" verbunden war, die Arbeit in einer für Menschen sehr destruktiven Weise. Er argumentierte, dass die zunehmenden industriellen Routinetätigkeiten, die für die gesamte Arbeit Vieler bestimmend waren, „die einzelnen Arbeiter zu einem abstumpfend langweiligen Arbeitstag verurteilten"[18] und ihren Charakter und dazugehörige Komponenten, wie bspw. Moralvorstellungen deformierten.

Zentraler, wenn auch unterschiedlich gewichteter Aspekt beider historischer Ansichten zur Routine ist der der Kontrolle. Während Diderot implizit diese Kontrolle über die eigene Tätigkeit in seine Schriften einfließen lässt, stellt Smith fest, dass Arbeiter im industriellen Kapitalismus diese Kontrollmöglichkeiten nicht besitzen, ihre Arbeit nicht umfassend kontrollieren können. Dadurch, so Smith, entwickelt sich Routine zu einer Bedrohung des Charakters.

Sennett, der in einem Exkurs Thesen von Karl Marx zur Zeiteinteilung streift, nutzt implizit eine zentrale These Marx` - dass im Kern alle Formen der Ökonomisierung Formen der Ökonomie der (Arbeits-) Zeit sind - um Routine am Beispiel des Fordismus und dessen Bezug zur Zeitstrukturierung zu thematisieren.

Richard Sennett stellt vor, wie sich die Befürchtungen Adam Smiths über die Jahrzehnte bewahrheiteten und diese als negativ wahrgenommene Form der Routine immer weiter bis ins Extrem der sekundengenauen Erfassung einzelner Arbeitsabläufe gesteigert wurde - und damit zu einer zunehmenden Sichtweise auf

---

[17] Ebd., S. 43
[18] Ebd., S.45

Menschen, die primär deren Leistungskraft und Effizienz ins Blickfeld nahm und immer weniger, dass diese Menschen Menschen waren. Menschen wurden zunehmend dehumanisiert.

Zentrale Aussage Sennetts die Routine betreffend ist, dass diese einerseits erniedrigend sein kann, auf der anderen Seite jedoch auch eine Form schützender Funktion besitzen kann, die ein Leben zusammenhält. Er bringt diese Erkenntnis auf den Punkt, indem er sagt: „Sich ein Leben vorzustellen, das ganz aus momentanen Impulsen besteht, ohne stützende Routine, ohne Gewohnheiten, heißt [...], sich ein geistloses Leben vorzustellen."[19]

Sennett leitet mit der Fragestellung, wo jedoch das Maß liegt, in dem Routine eine stützende Funktion statt einer destruktiven hat bzw. wie das Pendant zur Routine – die Flexibilität den destruktiven Formen der Routine entgegenwirken kann, über zur Thematik „Flexibilität".

2.3   Kapitel 3.)   Flexibilität – Die neue Strukturierung der Zeit

In seiner ursprünglichen Wortbedeutung wurde „Flexibilität" gleichgesetzt mit der Biegsamkeit und Nachgiebigkeit eines Baumes, sowie dessen Rückkehr in seine ursprüngliche Form bzw. Gestalt.

In einem kurzen Exkurs zum wechselnden Verständnis dieses Begriffes in seiner historischen Entwicklung streift Richard Sennett John Locke, der das skizzierte, ursprüngliche Verständnis der „Flexibilität" in einen Kontext mit der Empfindungsfähigkeit von Menschen – also dem Empfinden von Trauer, Leid, Freude etc. und dessen stetes „Zurückbiegen" in seine ursprüngliche Gestalt - setzte.

Weiterhin thematisiert Sennett David Humes Sichtweise auf dieses Phänomen, um im Anschluss Bezug auf Adam Smith und andere Vertreter politisch – ökonomischer Theorie zu nehmen.

---

[19] Ebd., S.55

10

Als grundlegend für deren theoretische Werke zur politischen Ökonomie stellt Sennett den Unterschied zwischen der Starrheit der Routine und der Biegsamkeit bzw. Flexibilität dar. Dieser Unterschied manifestierte sich in seiner Entwicklung im gesellschaftlichen Verständnis und auch in der heutigen Zeit wird „Flexibilität [...] als Gegenbegriff zu Starrheit und Leblosigkeit"[20] verstanden.

Im Mittelpunkt der Betrachtungen stehen in Sennetts Essay Menschen bzw. ihre sie umgebenden Bedingungen und wie sich Anforderungen an bspw. die Flexibilität von Menschen auf diese und ihren Charakter ausüben.

Ein zentrales Moment in den Überlegungen Sennetts bzgl. der „Flexibilität" ist, wie sich Machtstrukturen und –systeme durch einen Rückgang von als negativ empfundener Bürokratie und Routine und einer stetig zunehmenden Flexibilisierung in Institutionen, veränderten. Er kommt zu dem Schluss, dass Flexibilität keineswegs dazu beitrug, Machtstrukturen aufzulösen. Vielmehr haben sich „neue Macht- und Kontrollstrukturen"[21] entwickelt, die große Auswirkungen auf Institutionen, aber vor allem auch auf Menschen, ihre Persönlichkeit und ihren Charakter besitzen.

Eine der von Sennett als negativ wahrgenommenen Auswirkungen ist die bereits unter 2.1 beschriebene, zunehmende Auflösung dessen, was Menschen als Kontinuität, als Sinnzusammenhang in ihrem Leben wahrnehmen. Durch neue Kontroll- und Machtpraktiken werden diese Kontinuität- und dadurch Sicherheit - stiftenden Elemente aus dem Bereich der Arbeit entfernt.

Als ein Beispiel für die Umsetzung dieser Auflösung in der Praxis beschreibt Sennett die Praktik des „Re-engineering" - ein Synonym für Personaleinsparungen, das Gruppen von Managern – dem neoliberalen Motto des „mehr mit weniger [...] leisten"[22] folgend – einsetzen und dadurch Entlassungswellen produzieren.

Unterschiedliche Untersuchungen zeigen auf, dass sowohl die Arbeitsmoral und die Motivation von Arbeitskräften, wie auch die Produktivität dieser bei derartigen

---

[20] Ebd., S.58
[21] Ebd., S.58
[22] Ebd., S.61

Maßnahmen sinken. Die Auswirkungen auf Menschen, die dadurch ihre Arbeit verlieren, werden an dieser Stelle im Essay nicht genannt.

Letztendlich für Unternehmen und Institutionen schädigende Maßnahmen wie das „Re-engineering" werden jedoch weiter durchgeführt – aus dem Grunde, dass diese u.a. im Bereich des Aktienhandels große Gewinne versprechen. Ein möglichst maximaler Profit wird hierbei letztendlich den Interessen von Menschen und ihren sozialen und emotionalen Bedürfnissen auf Kosten dieser vorgezogen.

Sennett beschreibt im Kapitel 3.) drei Elementen des modernen Gebrauchs des Begriffes „Flexibilität", die gleichzeitig auch u.a. als Konzepte der heutigen Form des Kapitalismus vorgestellt werden könnten – einerseits das der „flexiblen Spezialisierung", zum anderen das der „Konzentration der Macht ohne Zentralisierung" und letztlich das des „diskontinuierlichen Wandels".

Letztgenanntes Konzept wurde bereits implizit in dieser Arbeit zu Anfang des Unterpunktes 2.3 vorgestellt. Das Konzept des „diskontinuierlichen Wandels" bezieht sich im Kern auf Prozesse wie den des skizzierten „Re-engineering" von Institutionen. Es beschreibt den stetigen diskontinuierlichen Umbau von Institutionen.[23]

Der Begriff der „flexiblen Spezialisierung" - v.a. in der Produktion zu finden - bezieht sich auf den Wandel, der sich in den vergangenen Jahrzehnten im Produktionsprozess vollzogen hat. Während früher Arbeit möglichst zentral an einem bzw. von einem Ort aus koordiniert oder erledigt wurde, haben sich heute „Inseln der spezialisierten Produktion"[24] entwickelt. Dieses Konzept beinhaltet eine ständige, abrupte und z.t. auch flüchtige Anpassung an Trends, Nachfragen und vorgefundenen Möglichkeiten, nach der die Produktion immer wieder neu ausgerichtet und spezialisiert wird.

Eine zentralere Gewichtung erhält in diesem Kapitel die Thematisierung dessen was Sennett als das dritte Element des modernen Gebrauchs des Begriffes „Flexibilität"

---

[23] Vgl. ebd., S.59
[24] Ebd., S.64

12

vorstellt und als „drittes Charakteristikum einer flexiblen Ordnung"[25] beschreibt –
die „Konzentration der Macht ohne deren Zentralisierung".

Anhand des Beispieles verschiedener Modelle des Kapitalismus, die durch die
unterschiedlichen Einflussnahmen von Staaten auf ihre Wirtschaft entstehen, zeigt
Sennett auf, wie dieser nationale Rahmen die Flexibilität im Produktionsprozess und
damit die Märkte bestimmt und ihnen Grenzen setzt. Sennett spricht in diesem
Zusammenhang von einer Ordnung, die bestimmt, wie abhängig bspw. die flexible
Produktion von der Organisation der Macht in der Gesellschaft bzw. von dieser
Ordnung ist.[26]

Zusammenfassend lassen sich zwei zentrale Momente in Sennetts Darstellung des
Phänomens der „Konzentration der Macht ohne deren Zentralisierung" benennen:
einerseits, dass mit den Entwicklungen hin zu einem immer flexibler werdenden
Kapitalismus neue, effektive Formen der Machtverteilung und -ausübung in
Institutionen entwickelt wurden, obwohl hierarchische, wie bürokratische Strukturen
zurückgedrängt wurden und zum anderen, dass enorme Veränderungen in der
Organisation der (Arbeits-) Zeit – sowohl der Arbeitskräfte wie auch deren Gruppen
in der Struktur der sich von hierarchischen zu netzwerkartigen Institutionen
entwickelten Gebilden - entstanden sind.

Als eines der wichtigsten Merkmale der heutigen Zeit führen diese Phänomene und
ihr immer größer werdender Einfluss auf den gesellschaftlichen Bereich der Arbeit
auf der Mikroebene zu immer größerer „Überlastung kleiner Arbeitsgruppen"[27] und
ihrer Mitglieder und auf der Makroebene, dass die genannten hierarchischen und
bürokratischen Strukturen in eine Organisation in Netzwerken übergehen. Sennett
schreibt hierzu: „Die Organisation besteht aus den Verbindungen und Knoten des
Netzes. Kontrolle lässt sich ausüben, indem Produktions- oder Gewinnvorgaben für
eine breite Spanne von Gruppen innerhalb der Organisation gemacht werden. Jede
Einheit kann frei entscheiden, wie sie diese Vorgaben verwirklichen will. [Jedoch]

---

[25] Ebd., S.69
[26] Vgl. ebd.
[27] Ebd., S.70

[…] stehen diese Einheiten unter Druck, weit mehr zu produzieren oder zu verdienen, als in ihrer unmittelbaren Macht steht."[28] Diese sich ergebende Überlastung der Arbeitsgruppen dient der oberen Ebene der Institution, durch diese bewusst zu hoch gesetzten Vorgaben und die Option, die Arbeit stets flexibel auf andere Arbeitsgruppen umzustrukturieren, Druck aufzubauen und so Macht effizient auszuüben. Auch im Bereich der genannten neuen Organisation durch bspw. die Einführung variabler Zeitpläne und gleitender Arbeitszeit führten nicht zu einem Abbau von Kontrollmechanismen, sondern zu deren Zunahme durch bspw. Email - Überwachung.

Dass all diese Phänomene, die Sennett als Elemente des modernen Gebrauchs des Begriffes „Flexibilität" beschreibt, große Einflüsse auf die Identität und den Charakter von Menschen besitzen und die Ansprüche an Charaktereigenschaften seitens des Marktes sich stark veränderten, erscheint in Sennetts Argumentation als logische Konsequenz.

Um in diesem System erfolgreich zu sein, sind lt. Sennett spezifische, neue Charaktereigenschaften und –stärken von Nöten, die „das Selbstbewusstsein eines Menschen [erfordern], der ohne feste Ordnung auskommt, jemand, der inmitten des Chaos aufblüht."[29] Die Befürchtung, dass diese Eigenschaften nur von einem kleinen Bruchteil der Menschen erbracht werden können, ohne in dieser bindungslosen Situation - wie im ersten Kapitel des Essays beschrieben - „dahinzudriften", die Kontrolle zu verlieren, liegt nahe. Die laut Sennett zentrale und reale Bedrohung für Menschen, die nicht derartige Charakterstärken besitzen, liegt darin, nicht mit der Fragmentierung, der immerwährenden Neuausrichtung des Lebens zurechtzukommen.[30]

---

[28] Ebd., S.71
[29] Ebd., S.79
[30] Vgl. ebd., S.79f

2.4 Kapitel 4.) Unlesbarkeit - Warum moderne Arbeitsformen schwer zu durchschauen sind

Diese bereits im Kapitel 3.) unter dem Begriff „Flexibilität" erwähnte, von Sennett als bedrohlich für viele Menschen wahrgenommene Situation wird im Kapitel 4.) unter dem Begriff „Unlesbarkeit" thematisiert.

Den Titel „Unlesbarkeit" benutzt Sennett synonym für diese wahrgenommene, bedrohliche Situation.

Als wichtig erscheint ihm, dass durch die Flexibilisierung, wie sie im vorhergehenden Kapitel beschrieben wurde – er spricht hier auch von einem „flexiblen Regime"[31], um dessen totalitären (weil alles - umfassenden) Charakter zu beschreiben – kontinuierliche Identitätsbildungsprozesse, eine Identifikation mit der geleisteten Arbeit, feste Bindungen, etc. zunehmend in Frage gestellt und erschwert werden. Eine Verortung der eigenen Person in der Gesellschaft (wie bspw. eine Zuordnung zu Klassen / sozialen Schichten, etc.), aber auch zu gesellschaftlichen Gruppen (zu einer handwerklichen Innung, einer Gewerkschaft, etc.) wird durch die Flexibilisierung vieler Lebensbereiche und ihre Auswirkungen in nahezu alle diese Bereiche zunehmend schwieriger.

Die Ich-Bildung, die nicht umher kommt, sich an Kontinuitäten im Leben des Einzelnen auszurichten, wird in großem Maße durch die Arbeit einer Person geprägt. Arbeit ist eine Möglichkeit, ein Gemeinschaftsgefühl durch die Identifikation mit den KollegInnen und die geleistete, gemeinsame Arbeit in einem bestimmten Bereich zu entwickeln. Sie dient damit in großem Maße einer Bildung einer Identität, die es wiederum erlaubt, sich „auf der gesellschaftlichen Skala"[32] zu verorten und soziale Bindungen, ein Zusammengehörigkeitsgefühl wie auch Solidarität, etc. zu erfahren.

Sennett, der über Jahrzehnte die Entwicklung einer Bäckerei in Boston verfolgte und daran seine Thesen zur „Unlesbarkeit" entwickelt und beschreibt, stellt fest, dass dies in der heutigen Form der Arbeit in dieser Bäckerei nicht mehr möglich ist.

---

[31] Ebd., S.81
[32] Ebd., S.83

15

Durch die Einflüsse des sich ausbreitenden Prinzips des flexiblen Kapitalismus besteht kaum noch eine Identifikation mit der Arbeit und den KollegInnen, die allesamt flexible Arbeitsverträge abgeschlossen haben und ständig den Arbeitsplatz wechseln.

Auch enorme Technologisierungen haben die Identifikation mit der handwerklichen Tätigkeit in vielen Bereichen zunichte gemacht. Ehemals handwerkliche Arbeit wird durch diese Technologisierung oftmals als erniedrigend empfunden. Während sich ehemals aus dieser Form körperlicher Arbeit eine Form von Stolz auf das Geschaffene entwickelte, ist bspw. in der Bäckerei „Brot [...] ein Bildschirmsymbol geworden."[33] Menschen, vor allem im handwerklichen Bereich der Arbeit verlieren durch diese Technisierung immer weiter den Bezug zu ihrem ursprünglichen Gegenstand.

Vorauszusetzen ist bei dieser Betrachtung Sennetts, dass die erwähnten Personen zuvor in einem handwerklichen Bereich arbeiteten. Wie Sennett feststellt, ist durch die Technologisierung dieser Bereiche tendenziell jede Person in der Lage, Maschinen zu bedienen, die die ehemals handwerklichen Tätigkeiten ausführen. So ist es wie im Essay beschrieben, möglich, dass Menschen heute bspw. ein Jahr als Bäcker arbeiten, um danach Schuhmacher zu werden oder in einem anderen Bereich oder Arbeitsfeld zu arbeiten. Eine „berufliche Identität dieser Menschen ist [folglich] schwach."[34]

Zur Entwicklung immer leistungsfähigerer Maschinen vermerkt Sennett, dass „dieses Werkzeug [- die computergesteuerte Maschine] des zeitgenössischen Kapitalismus eine weit intelligentere Maschine ist als die mechanischen Erfindungen der Vergangenheit. Seine eigene Intelligenz kann die seiner Benutzer ersetzen [, die ökonomisch nur von Nöten sind, um die Maschinen zu bedienen – was jedoch auch von anderen erledigt werden kann] und führt so Smiths Alptraum von der geistlosen Arbeit [wie sie im Kapitel zur „Routine" thematisiert wurde] zu neuen Extremen."[35]

---

[33] Ebd., S.87
[34] Ebd., S.90
[35] Ebd., S.94

16

Dieser Argumentation folgend entwickelt sich der Charakter der Arbeit durch die verschiedenen, beschriebenen Prozesse für einen großen Teil der Menschen hin zu einer stetig größer werdenden Oberflächlichkeit.

In dem Kontext des hier Dargestellten benutzt Sennett die Metapher, „sich selbst und die Welt um sich herum „lesen" zu können"[36]. Er benutzt den Begriff „lesen" zur Beschreibung des essentiellen menschlichen Bedürfnisses, im Leben einen gewissen Sinn oder auch in der Umwelt einen gewissen Sinnzusammenhang zu erkennen – ihn von den wahrgenommenen Situationen „ablesen" zu können und letztendlich auf einer Ebene, die die visuelle und auditive Ebene übersteigt, „lesen" zu können, aus welchen elementaren Bestandteilen sich die eigene Identität, eigene Verhaltensmuster, etc. zusammensetzen.

Rekapitulieren wir die ersten Kapitel des Essays, stellen wir fest, dass Sennett versucht zu beschreiben, dass die zu Grunde liegende Kontinuität dieses „Lesen – Könnens" in ihrer ehemaligen Form nicht mehr existiert. An ihre Stelle ist - bedingt durch zunehmende Flexibilisierung vieler Bereiche des menschlichen Lebens und damit ihrer Fragmentierung – ein Phänomen getreten, das Sennett versucht, im fünften Kapitel seiner Arbeit zu fassen – das Risiko.

2.5 Kapitel 5.) Risiko - Warum Risiken auf sich zu nehmen verwirrend und deprimierend geworden ist

Risiko stellt in der modernen Gesellschaft ein Phänomen dar, welches nach Sennett seine Funktion als elementare Antriebskraft gerade deshalb hat, weil in der modernen, dynamischen Form der Gesellschaft mit ihrer Betonung der Flexibilität - vergleichbar mit der beschriebenen „Routine" - Stillstand – im Sinne einer nicht ständigen Neukonstruktion – mit Tod gleichgesetzt wird.[37] Die daraus resultierende

---

[36] Vgl. ebd., S.97
[37] Vgl. ebd., S.116

Furcht davor, nichts zu tun, stellt Menschen vor die Herausforderung, enorme Risiken einzugehen, obwohl die Erfolgsaussichten relativ gering sind.[38] Er stellt fest, dass Risiko und damit verbundene „[...] [persönliche] Ängste [...] tief mit dem neuen Kapitalismus verknüpft [sind]."[39] Während in Sennetts Beschreibung Risiko noch in der griechischen Tragödie als Synonym dafür stand, sein Schicksal herauszufordern, war der verbundene Inhalt bis ins 18. Jahrhundert gekoppelt an den Wunsch nach Kontrolle des Risikos bzw. dessen Minimierung.

Auf diesem Wege entwickelte sich u.a. die mathematische Disziplin der Wahrscheinlichkeitsrechnung, um 1200 n. Chr. begründet durch Leonardo da Pisa – auch Fibonaccis genannt –, der versuchen wollte, eben diese Risiken zu berechnen. Im Unterschied zu dieser Auffassung ist es in der heutigen Zeit kaum möglich, den Risiken des Lebens auf diese Weise entgegen zu treten.

Durch die Ablösung starrer und klar definierter Unternehmen begannen sich laut Sennett Unternehmen und Institutionen zu entwickeln, deren gemeinsame Charakteristika in der „Ablehnung jeder Routine, [...] [der] Betonung kurzfristiger Aktivität [...] [und der] Schaffung amorpher, hochkomplexer Netzwerke anstelle [ehemals] straff organisierter Bürokratien"[40] bestehen. Richard Sennett folgert hieraus, dass das „Risiko [...] [durch diese flächendeckende Entwicklung] zu einer täglichen Notwendigkeit"[41] geworden ist, welche die Mehrzahl der Menschen auf sich nehmen muss. Er bringt dies auf den Punkt, indem er sagt: „Wer sich nicht bewegt [, wer also nicht ständig neue Risiken eingeht], ist draußen."[42] Ähnlich argumentiert der Münchner Soziologe Ulrich Beck, wenn er sagt, dass „in der fortgeschrittenen Moderne [...] die gesellschaftliche Produktion von Reichtum systematisch [...] mit der gesellschaftlichen Produktion von Risiken [einhergeht]."[43]

---

[38] Vgl. ebd., S.117
[39] Ebd., S.128
[40] Ebd., S.110f
[41] Ebd., S.105
[42] Ebd., S.115
[43] Ebd., S.105

Die Zunahme der erfahrenen und wahrgenommenen Risiken ist bei beiden Autoren unmittelbar mit der Form der Ökonomie einer Gesellschaft gekoppelt. Der flexible Kapitalismus des 21. Jahrhunderts hat nach Sennett durch die starke Betonung bzw. den hohen systemimmanenten Stellenwert des Risikos enorme Einflüsse auf die Identitätsbildung genommen. Er betont hierbei, dass es u.a. schwieriger geworden sei, sich gesellschaftlich zu orientieren, schwieriger zumindest als im Klassensystem der Vergangenheit.[44]

Zurückzuführen ist diese Schwierigkeit der Verortung seines Selbst durch das Entstehen von Phänomenen, die Sennett als „drei Arten von Unsicherheiten"[45] beschreibt und die jeweils direkte Auswirkungen auf die Selbstwahrnehmung von Menschen besitzen. Er nennt an dieser Stelle als Phänomene „mehrdeutige Seitwärtsbewegungen", „retrospektive Verluste", sowie „unvorhersehbare Einkommensentwicklung".[46]

Bei den mehrdeutigen Seitwärtsbewegungen handelt es sich um ein begriffliches Konstrukt, um zu beschreiben, dass Menschen, die in Organisationen oder Netzwerken aufzusteigen glauben, sich tatsächlich eher seitwärts bewegen.[47]

Dies kann in der Konsequenz zu dem zweiten genannten Phänomen führen – dem des „retrospektiven Verlustes". Ebenfalls als begriffliches Konstrukt zur Beschreibung eines bestimmten Phänomens eingebracht, beschreibt Sennett mit dem „retrospektiven Verlust", dass Personen, die sich beruflich seitwärts bewegen, zu einem bestimmten Zeitpunkt erkennen müssen, dass sie gewünschte und wahrgenommene Ziele nicht erreicht haben oder nicht erreichen konnten. Es stellt sich bei diesen Personen eine nachträgliche Erkenntnis ein, dass sie falsch gehandelt haben.[48]

Die dritte, von Sennett beschriebene Art von Unsicherheit ist die der „unvorhersehbaren Einkommensentwicklung". Sie bezieht sich darauf, dass sich z.B.

---

[44] Vgl. ebd., S.116
[45] Ebd., S.112
[46] Vgl. ebd.
[47] Vgl. ebd., S.112
[48] Vgl. ebd., S.113

bei Firmenwechseln, dadurch, dass Einkommenszuwächse und -verluste immer undurchschaubarer werden, oftmals negative Einkommensentwicklungen ergeben.[49]

Zusammenfassend stellt Sennett fest, dass Menschen in Situationen, in denen sie mit Risiken und Unsicherheiten konfrontiert sind, dazu neigen, sich auf die unmittelbare Situation zu konzentrieren, diese als absolut wahrzunehmen und größere Zusammenhänge nicht mehr wahrnehmen können bzw. diese ausblenden. Dieses Fixieren der Aufmerksamkeit auf das stets naheliegendste Problem bewirkt eine Selbstwahrnehmung, die dadurch geprägt ist, dass Menschen das Gefühl haben, sich nicht kontinuierlich weiterzuentwickeln, nirgends hinkommen, immer wieder von vorn anfangen zu müssen, sich ständig beweisen zu müssen und immer am Nullpunkt zu sein.[50]

Sennett stellt fest, dass der Umstand, ständig dem Risiko ausgesetzt sein, das Selbstverständnis zerstört.[51] Die Qualität einer Erzählung, deren Relevanz als kohärenter, kontinuierlicher Sinnzusammenhang im Leben eines Menschen in unterschiedlichen Kontexten in Sennetts Essay betont wird, geht durch die ständige Konfrontation mit Risiken verloren.

Einfluss auf das Gefühl der Unsicherheit hat auch ein weiteres Charakteristika unserer Zeit, das Sennett in einen unmittelbaren Zusammenhang mit der Entwicklung zu einer dynamischen Gesellschaft und einem flexiblen Kapitalismus bringt – die Negation und Entwertung von Erfahrungen.[52]

Durch die bereits in den vorhergehenden Kapiteln beschriebenen gesellschaftlichen Entwicklungen entstand eine dichotome Denkweise, in der in zunehmendem Maße die Phase „Jugend" mit Flexibilität und die des „Alters" mit Erstarrung gleichgesetzt wird.[53] Dieses „gesellschaftliche Vorurteil"[54] befördert nach Sennett die Sorge, vor allem in zunehmendem Alter nicht mehr mithalten zu können.

---

[49] Vgl. ebd.
[50] Vgl. ebd., S.120f
[51] Vgl. ebd., S.110
[52] Vgl. ebd., S.129
[53] Vgl. ebd., S.124
[54] Ebd., S.127

Viele Aspekte seines fünften Kapitels aufgreifend, fasst Richard Sennett zusammen:

„Sorge ist eine auf die Zukunft ausgerichtete Furcht, die in einem Klima entsteht, das ständige Risiken betont; die Sorge verdoppelt sich, wenn die Erfahrungen als Führer durch die Gegenwart ausgedient zu haben scheinen."[55]

Die skizzierten Entwicklungen haben auch auf Bereiche außerhalb der eigenen Persönlichkeit bzw. der eigenen Identität enorme Auswirkungen. Sennett zitiert einen Autor der New York Times, der schrieb, dass „[die] Sorge um den Arbeitsplatz [...] überall eingedrungen [ist und] [...] das Selbstwertgefühl auf[löst], [...] Familien [zerrüttet], [...]Gemeinschaften [zersetzt] und [...] die Atmosphäre am Arbeitsplatz [verändert]."[56]

In der Betrachtung dieses Kontextes leitet Sennett über zum sechsten Kapitel seines Essays und damit zu den Auswirkungen der Entwicklungen auf das Arbeitsethos.

2.6 Kapitel 6.) Das Arbeitsethos - Wie sich das Arbeitsethos gewandelt hat

Im Kapitel „Arbeitsethos - Wie sich das Arbeitsethos gewandelt hat" versucht Richard Sennett einen schwer zu fassenden Teilbereich der Realität und dessen historische Entwicklung nachzuzeichnen – den der Ethik der Arbeit. Er bezieht sich hierbei sowohl auf soziologische, philosophische und geschichtswissenschaftliche Theorien, wie auch auf solche der Psychologie und der Politikwissenschaften und versucht, dem Grund nachzugehen, warum Arbeit einen positiven Aspekt (Ertrag, Sinnstiftung, etc.) im Leben eines Menschen haben kann oder sich aber auch (durch bspw. eine bei der Arbeit vorherrschende, erniedrigende Oberflächlichkeit) sehr destruktiv auf diesen auswirken kann.

Wie man in der Vielfalt der erwähnten wissenschaftlichen Disziplinen erkennen kann, beschränkt sich Sennett hierbei nicht nur auf die Betrachtung der Mikroebene, sondern stellt das, was er als den Ethos der Arbeit in der jeweiligen historischen Phase beschreibt auch an vielen Stellen in einem übergeordneten Kontext dar.

---

[55] Ebd., S.129
[56] Ebd., S.129

21

Als einen der zentralen Gründe dafür, wie Arbeit unterschiedliche Wirkungen auf Personen entwickeln kann, benennt Sennett einen Aspekt der Arbeit, der diese charakterisiert – die Zeit bzw. deren Organisation.

In den vergangenen Jahrhunderten erkennt Sennett eine Form des Arbeitsethos, den er als den „Alten Arbeitsethos"[57] beschreibt, der „auf dem disziplinierten Umgang mit der Zeit [beruhte]"[58]. Dieser disziplinierte Umgang mit der Zeit galt in der Antike als einzigste Möglichkeit, „mit dem Chaos der Natur fertig zu werden."[59] Aus dieser Vorstellung heraus entwickelte sich ein Arbeitsethos, in dem die selbstauferlegte Disziplinierung den Status einer Tugend annahm, die es galt, an jedem Tag aufs Neue herauszubilden. Hinter dieser Betrachtungsweise stand jedoch die tägliche Notwendigkeit des Überlebens, welche ohne genannte Disziplinierungen kaum möglich war.

In der historischen Entwicklung des alten Arbeitsethos waren es u.a. Publius Vergilius Maro – auch Vergil genannt - (70 – 19 v.Chr.) und später Pico della Mirandola, die Sennett als diejenigen beschreibt, die die Sichtweise auf das Phänomen „Arbeitsethos" in ihrer jeweiligen historischen Epoche prägten.

Vergil betonte in seinen Schriften bspw. den moralischen Wert des Landbaus und eine damit verbundene ständige Beharrlichkeit[60], während sich Pico in der Epoche der frühen Renaissance gegen die damaligen christlichen Vorstellungen des Menschen als Geschöpf Gottes, wandte. Er vertrat die Ansicht, dass der Mensch ein flexibles, sich selbst erschaffendes Wesen sei[61], was gänzlich im Widerspruch zu einer Vorstellung stand, die sich darin verstand, dass Menschen das „Leben und Beispiel Jesu [nachzueifern]"[62] haben.

---

57 Ebd., S.133
58 Ebd.
59 Ebd.
60 Vgl. ebd., S.135
61 Vgl. ebd., S.136
62 Ebd.

All diese Aspekte eines Ethos der Arbeit aufgreifend, wendet sich Sennett im Anschluss an diese historische Darstellung einer Anfang des 20. Jahrhunderts entstandenen soziologischen Theorie zu, die sich ebenfalls im Weitesten mit dem „Alten Arbeitsethos" auseinandersetzt – dem Werk „Die Protestantische Ethik und der Geist des Kapitalismus" von Max Weber. Ohne an dieser Stelle vertiefend auf die dargestellte Theorie Webers einzugehen, lassen sich in Sennetts Darstellung einige zentrale Aspekte zusammenfassen, die den alten Arbeitsethos in dem Werk Webers charakterisieren.

Nach Weber versuchten Menschen protestantischen Glaubens während des 17. Jahrhunderts, ihren Wert vor Gott durch Selbstdisziplinierung zu beweisen. Diese Disziplinierung ist nach dem von Sennett zitierten Weber u.a. auch auf einen steten Zweifel und eine ständige Unsicherheit zurückzuführen, sich nie sicher zu sein, ob man „in den Augen Gottes" gut genug ist bzw. ob man ein „würdiger Mensch"[63] ist. Umgesetzt wurde die Disziplinierung in der Versagung von Vergnügen und der stetigen Arbeit mit der Ansammlung von Gewinnen, die durch die Arbeit erzielt wurden. In diesem historischen Moment und der sich im 18. Jahrhundert weiterentwickelnden „Betonung auf Sparen statt Ausgeben"[64] entwickelten sich in den folgenden Jahrhunderten nach Weber neue Formen des Kapitalismus und nach Sennett eine „neue kulturelle Figur"[65] – der „getriebene Mensch, der seinen moralischen Wert durch Arbeit zu beweisen sucht."[66]

Sennett, der zahlreiche Irrtümer und Auslassungen des Essays Webers in seinem Werk streift, betont die Schlüssigkeit der Darstellung bzw. der Analyse dieses charakterlichen Typus des getriebenen Menschen, der in Webers Werk eine zentrale Bedeutung hinsichtlich eines sich ab der Zeit des 17. / 18. Jahrhunderts entwickelnden Arbeitsethos besitzt.

---

[63] Ebd., S.138
[64] Ebd.
[65] Ebd., S.140f
[66] Ebd., S.141

Als einer der zentralen Thesen lässt sich an dieser Stelle des Kapitels zusammenfassend benennen, dass Sennett ein altes Arbeitsethos beschreibt, welches für den „disziplinierten Gebrauch der eigenen Zeit und den Wert aufgeschobener Belohnung"[67] steht.

Durch das sich ausdehnende Wegbrechen von beständigen Institutionen und die stattfindenden ständigen Veränderungen wird es Individuen jedoch kaum noch ermöglich, dieses Arbeitsethos als Grundlage für ihr Arbeiten zu nehmen. Zentrale Elemente des alten Arbeitsethos, wie bspw. der disziplinierte Gebrauch der (Arbeits-) Zeit werden bspw. durch die im Kapitel 3) genannten veränderten Rahmenbedingungen nicht mehr ermöglicht. Dementsprechend befasst sich Sennett in einem zweiten Teil (der erste bestand nach einer kurzen Einführung in die Thematik in der Beschreibung der alten Arbeitsethik) mit dem modernen Arbeitsethos.

Dieser „konzentriert sich [nach Sennett] auf die Teamarbeit [...] [,] propagiert sensibles Verhalten gegenüber anderen, [...] erfordert „weiche Fähigkeiten" wie gutes Zuhören und Kooperationsfähigkeit [...] [und betont] die Anpassungsfähigkeit des Teams an die Umstände."[68] Weiterhin betont er „Teamarbeit [...] [als] die passende Arbeitsethik für eine flexible politische Ökonomie."[69]

Während bei der alten Arbeitsethik das Gewicht auf dem Handeln des Individuums lag, ist diese neue Arbeitsethik geprägt durch die Arbeit in Teams. Gänzlich konträr zu einer Ethik der Arbeit, wie sie bspw. Max Weber in seiner skizzierten Studie analysierte, orientiert sich die Arbeit in Teams an „spezifischen, kurzfristigen Aufgaben"[70] und ist nach Sennnett charakterisierbar durch eine auf das Individuum wirkende erniedrigende Oberflächlichkeit[71]. Diese These zuspitzend benennt er

---

67 Ebd., S.132
68 Ebd., S.132f
69 Ebd., S.133
70 Ebd., S.142
71 Vgl. ebd.

24

„Teamwork [...] [als] Gruppenerfahrung der erniedrigenden Oberflächlichkeit"[72], die vor allem durch eine „Desorganisation der Zeit"[73] zustande kam. Zeit erfuhr nach Sennett eine Desorganisation durch die sich ständig umstrukturierende, routinelose und kurzfristige Ökonomie[74], durch die Menschen, die noch im alten Arbeitsethos ermöglichten, sinnstiftenden Kontinuitäten zunehmend verlieren. Das „Fehlen anhaltender persönlicher Beziehungen und dauerhafter Absichten"[75] als weiteres Charakteristikum der Arbeit im Team hat auf die psychische Gesundheit und das Selbstbild vieler Menschen eine enorme, negative Wirkung, wie sie bereits im Kapitel 3) dargestellt wurde

Sennett schreibt, dass „ein ironisches Selbstbild [...] die logische Konsequenz des Lebens in der flexiblen Zeit [ist]."[76] Ironisch deshalb, – und an dieser Stelle des Essays zitiert er den amerikanischen Philosophen Richard Rorty - weil „Menschen [in der modernen, flexiblen Zeit durch bspw. eine Arbeit in Teams] nie ganz dazu in der Lage [sind], sich selbst ernst zu nehmen, weil immer dessen gewahr, dass die Begriffe, in denen sie sich selbst beschreiben, Veränderungen unterliegen, immer im Bewusstsein der Kontingenz und Hinfälligkeit ihrer abschließenden Vokabulare, also auch ihres Selbst."[77]

Diese auf den ersten Blick schwer greifbare Feststellung der negativen Einflüsse eines neuen Arbeitsethos auf Menschen im Arbeitsprozess und auf ihre Selbstwahrnehmung, veranlassen Sennett zu einer scharfen Abgrenzung sowohl zur alten wie auch zur neuen Ethik der Arbeit. Er bestreitet hier keine der in dichotomen Denkmustern möglichen Optionen für ein altes oder neues Ethos der Arbeit. Er schreibt: „Die klassische Arbeitsethik der aufgeschobenen Belohnung und Selbstbestätigung durch harte Arbeit verdient kaum unsere Zuneigung. Aber mit [...] seiner vorgetäuschten [weil zeitlich nicht konsistenten] Gemeinschaft kann das

---

[72] Ebd., S.133
[73] Ebd., S.131
[74] Vgl. ebd.
[75] Ebd.
[76] Ebd., S.155
[77] Ebd.

Teamwork [als Synonym für das neue Arbeitsethos] kaum als Verbesserung gelten."[78]   Unter anderem durch die Darstellung entstandener neuer Macht- und Kommunikationsstrukturen in Unternehmen verdeutlicht Sennett diese in Form eines Fazits verfasste Ablehnung des neuen Arbeitsethos.

Alte Macht und Hierarchie-Strukturen haben sich, wie im Kapitel 2) beschrieben, gewandelt. Mit der Betonung der erwähnten „weichen Fähigkeiten" (Fähigkeit zur guten Zusammenarbeit, zum guten Zuhören, etc.) und der Verbreitung von Teamarbeit auf allen hierarchischen Ebenen von Unternehmen haben sich nach Sennett andere, zum Teil subtilere Formen der Macht bzw. Machtausübung entwickelt und etabliert.

„Die Abwesenheit wirklicher Autoritäten [, die in ehemals hierarchisch strukturierten Organisationen bestimmend auftraten und durch ihr Verhalten eine direkte Verantwortlichkeit für ihr Handeln besaßen,] gibt den Oberen die Freiheit umzuschichten, anzupassen oder zu reorganisieren, ohne sich oder ihr Handeln zu rechtfertigen."[79] D.h., dass die genannten „Oberen" in Unternehmen entlassen können, Arbeitszeiten von Angestellten relativ frei gestalten können, etc., ohne hierfür in die direkte Verantwortung genommen werden zu können. In einem Beispiel, das Sennett im Kapitel „Das Arbeitsethos" anführt, wendet sich ein Manager eines Unternehmens mit den Worten: „Wir sind alle Opfer von Zeit und Ort"[80] an entlassene ArbeitnehmerInnen. Dies drückt explizit aus, dass im neuen Arbeitsethos Macht ausgeübt werden kann, ohne dabei Verantwortung zu tragen.[81] Sennett argumentiert, dass in einer (Arbeits-) Welt, in der nur der „auf die Gegenwart gerichtete Blick"[82] das unternehmerische Handeln bestimmt und in der die Verantwortung für Handeln in den oberen Etagen auf das Phänomen des Wandels abgestreift werden kann, ständige Risiken für das psychische Wohlbefinden

---

[78] Ebd., S.156
[79] Ebd., S.154
[80] Ebd., S.155
[81] Vgl. ebd.
[82] Ebd.

von Individuen produziert werden. Arbeit unter den beschriebenen Rahmenbedingungen kann erniedrigend, oberflächlich, deprimierend und desorientierend sein.[83] Diese negativen Wahrnehmung können dann in der beständigen Furcht kulminieren, zu versagen – zu scheitern. Diesem „modernen Tabu"[84] wendet sich Richard Sennett im siebten Kapitel seines Essays zu.

2.7 Kapitel 7.) Scheitern - Wie man mit dem Scheitern fertig wird

Das „Scheitern" ist laut Sennett neben den bereits erwähnten latenten Bedrohungen, die Menschen in der heutigen Zeit unter dem modernen Kapitalismus erfahren, zu einem zentralen Gefährdungsmoment für alle Menschen geworden. Zum Phänomen „Scheitern" schreibt Sennett: „das Gefühl, gescheitert zu sein [..] [kann entstehen,] weil es einem nicht gelingt, das eigene Leben vor dem Auseinanderfallen zu bewahren, etwas Wertvolles in sich zu entdecken, zu leben, statt einfach nur zu existieren."[85]

Das Scheitern bzw. die latente Furcht davor, nicht gut genug zu sein, hat sich auf nahezu alle Schichten der Bevölkerung ausgeweitet, ist also zu einem häufig auftretendem Phänomen im Leben Vieler geworden.[86]

In einem Schwenk analysiert Richard Sennett den Umgang mit dem Scheitern in anderen, historischen Epochen. Bspw. beschäftigt er sich in seinem Werk mit dem amerikanischen Journalisten und Schriftsteller Walter Lippmann. Dieser verstand als konträreres Gegenstück zum Scheitern die Handlung, aus seiner Arbeit eine Karriere zu machen.[87] Lippmann vertrat die Ansicht, dass „ein Mensch, der eine Karriere verfolgt, [für sich] [...] langfristige Ziele [...], Verhaltensmaßregeln im Berufs- und Privatleben und ein Verantwortungsgefühl für sich und sein Verhalten [definiert]."[88]

---

[83] Vgl., S.156f
[84] Ebd., S.159
[85] Ebd., S.160
[86] Ebd., S.159
[87] Vgl. ebd., S.161
[88] Ebd., S.163

Das beharrliche Streben nach einer Karriere sollte nach dem von Sennett zitierten Lippmann eine Art persönliches Gegenmittel gegen Drift, wie er im ersten Kapitel des Essays beschrieben wurde, sein.[89] Karriere war für Lippmann untrennbar mit den jeweiligen individuellen Einstellungen verbunden.

Sennett merkt an, dass diese Auffassung Lippmanns in der Zeit des frühen 20. Jahrhunderts entstand und heute nicht mehr an Gültigkeit besitzt. Er schreibt, dass „heute andere Wirtschafts- und Verwaltungsformen"[90] bestehen und dass der „Kapitalismus [...] jetzt mit anderen Produktionsprinzipien [arbeitet]. Die Kurzfristigkeit und die Flexibilität des neuen Kapitalismus scheinen ein Arbeitsleben im Sinne einer Karriere auszuschließen."[91]

Um diese zentrale These zu verdeutlichen, führt Sennett das Beispiel einiger ehemaliger IBM – Mitarbeiter an, die sich sicher wähnten, eine langfristige Karriere bei IBM zu bestreiten und dann nach einem Umstrukturierungsprozess entlassen wurden.[92]

Am Beispiel der langfristigen und umfassend dargestellten Beobachtung dieser Gruppe expliziert Sennett seine Thesen zum Phänomen des Scheiterns.

Er beschreibt eine Phase im Leben dieser Menschen, die versuchen mussten, mit ihrem Scheitern umzugehen. Sennett stellt fest, dass sich in diesem Prozess unterschiedliche Deutungen der erfahrenen Situation ergaben, die sich im Kern um die Wahrnehmung des erfahrenen Scheiterns abhängig von der jeweiligen Attribution der Ursachen verhielten. Einerseits wurde vor allem in der Anfangsphase der Auseinandersetzung der Gruppe mit dem Scheitern die Schuld auf situative Faktoren gelenkt. Diese Phase war gekennzeichnet durch die vorherrschende Perspektive, dass die Entlassenen passive Opfer der Firmenpolitik oder anderer äußerer Einflüsse waren. Zu einem späteren Zeitpunkt der Phase der Auseinandersetzung entwickelte sich jedoch zunehmend eine dispositionale

---

[89] Vgl. ebd.
[90] Ebd., S.165
[91] Ebd.
[92] Vgl. ebd., S.166

Ursachenzuschreibung, die das Augenmerk eher auf die erfahrene Situation als Resultat eigener Fehler lenkte.[93]

Ursächlich versuchten die ehemaligen IBM – Mitarbeiter während des gesamten beschriebenen Prozesses, ihrem Scheitern einen Sinn zu geben.

Zum einen beschreibt Richard Sennett in diesem Beispiel die von ihm wahrgenommene Tatsache, „dass heutige Karrieren sehr viel verletzlicher geworden sind."[94] Zum anderen beschreibt er aber auch das Phänomen des Umganges mit dem Scheitern und beginnt an dieser Stelle des Essays bereits eine Überleitung zum achten Kapitel, welches im Kern vom möglichen Umgang mit den beschriebenen Bedrohungen des flexiblen Kapitalismus handelt. Als entscheidend für den Umgang bzw. als Startpunkt für den Verarbeitungsprozess sieht Sennett den Moment an, in dem die Entlassenen „das Tabu [brachen], welches das Scheitern umgibt, [...] [und] es an die Oberfläche [brachten]."[95]Auch der Moment, als sich die Deutung der Ursachen langsam der Realität annähert[96] und die ehemaligen IBM – Mitarbeiter beginnen, sich aus der genannten passiven Opferrolle zu lösen wird von Richard Sennett als Beginn angesehen, dass sich die Entlassenen selbst der Tatsache stellen, dass sie in ihrer Karriere gescheitert sind.[97] Sie projizieren jedoch nicht nur die Situation auf etwa die eigene Unfähigkeit, sondern stellen vielmehr fest, dass sie eine zu sehr auf die unmittelbare Gegenwart fixierte Betrachtung ihres Lebens hatten und übernehmen auf diese Weise die Verantwortung über ihr Handeln.[98]

Dieses Verhalten – dass sich die ehemaligen Angestellten ihrem Scheitern gestellt haben, gibt dem Scheitern einen gewissen Sinn.[99] Sie haben „einen Weg gefunden, das Scheitern untereinander zur Sprache zu bringen"[100], dadurch jedoch noch

---

[93] Vgl. ebd., S.169ff
[94] Ebd., S.177
[95] Ebd., S.178
[96] Vgl. ebd., S.181
[97] Vgl. ebd., S.180
[98] Vgl. ebd., S.179ff
[99] Vgl. ebd., S.177f
[100] Ebd., S.185

„keinen Weg in die Zukunft gefunden"[101]. Dieser Prozess - so wichtig er für die psychische Gesundheit der genannten Personen wohl war – lässt noch keine unmittelbaren Perspektiven entstehen, wie die Zukunft gestaltbar wäre.

Richard Sennett verfasst nach der Beschreibung dieses Prozesses des Scheiterns induktiv eine These, indem er die Situation der beschriebenen Gruppe auf die stattfindenden gesellschaftlichen Prozesse spiegelt. Er sagt: „In der flexiblen, fragmentierten Gegenwart mag es möglich sein, zusammenhängende Erzählungen über das, was war, zu schaffen, aber nicht länger möglich, kreative vorausschauende Entwürfe dessen, was sein wird."[102]

Unter dieser Sichtweise bzw. dieser Argumentation folgend kommt Sennett auf eine seiner bereits in anderen Kapiteln erwähnten Formulierung - der Wichtigkeit eines Lebens als linearer Erzählung[103] - zu sprechen.

Nach seinen Feststellungen ist das „Streben nach einem Zusammenhang und einem festen auktorialen Ich"[104] in dem Sinne, dass ein Mensch die Erzählperspektive über sein Leben behält und nicht bspw. zum passiven Betrachter seines eigenen Lebens wird, ein elementares Element menschlichen Daseins.

Die ehemaligen Angestellten der Firma IBM hatten einen Weg gefunden, ihr Scheitern durch dessen Thematisierung wieder in eine Erzählstruktur zu überführen, in der ihr Ich wieder eine auktoriale Perspektive einnahm. Somit haben diese Menschen nach Sennett eine „Überlebensstrategie [gefunden, die] für die stetig wachsende Zahl jener, die im modernen Kapitalismus zum Scheitern verurteilt sind"[105] eine solche darstellt.

Welche weiteren Möglichkeiten des Umgangs mit den in allen bisherigen Kapiteln dieses Buches behandelten Problemen bestehen bzw. in wieweit überhaupt Handlungsmöglichkeiten bestehen, ist ein Themenkomplex, dem sich Richard Sennett in seinem Kapitel „Das gefährliche Pronomen" zuwendet.

---

[101] Ebd., S.184
[102] Ebd.
[103] Vgl. u.a. ebd., S.17
[104] Ebd., S.183
[105] Ebd., S.185

2.8 Kapitel 8.) Das gefährliche Pronomen - Gemeinschaft als Mittel gegen Drift

Im Gegensatz zu den bisher behandelten Kapiteln, die eher einer Bestandsaufnahme und Analyse der modernen gesellschaftlichen Verhältnisse und des modernen Kapitalismus gleichen, widmet sich Sennett in seinem, den Essay abschließenden, achten Kapitel „Das gefährliche Pronomen" Perspektiven des Umgangs mit den von ihm sehr negativ dargestellten Verhältnissen und den existierenden Problemen.

Zentrale These dieses Kapitels ist, dass Menschen sich weder der eigenen Bedürfnisse, noch des eigenen Versagens und ihrer Abhängigkeit von anderen Menschen schämen[106] sollten. Vielmehr sollte sich nach Sennett eine „positive Sicht der eigenen Grenzen und des wechselseitigen Bedürfnisses"[107] von Menschen entwickeln.

Richard Sennett betont dabei das Pronomen „Wir", dessen Verwendung „dazu dienen [soll], die Menschen gegen eine energische neue Form des Kapitalismus zu verteidigen."[108] Er schreibt: „Ein Ort wird zu einer Gemeinde, wenn Menschen das Wort „Wir" zu gebrauchen beginnen. So zu sprechen, setzt Bindungen voraus, im Kleinen wie im Großen."[109].

Sennett umgeht die Beantwortung der Frage nach einem direkten Weg des Umganges mit existierenden und durch die neue Form des Kapitalismus verursachten Problemen.

Er beschränkt sich in diesem Kapitel des Essays auf die Aussage, dass auch im Zeitalter der Globalisierung der bereits im vorherigen Zitat genannte Ort an Macht besitzt[110]. Er führt einige Ergebnisse von Studien an, die zeigen, dass Unternehmen aufgrund der jeweiligen sozialen und kulturellen Geographie und dem jeweiligen System von Zulieferern und Vertriebsfirmen eine relativ große Ortsverbundenheit

---

[106] Vgl. ebd., S.194
[107] Ebd.
[108] Ebd., S.191
[109] Ebd., S.189
[110] Vgl. ebd., S.188

besitzen.[111] Unter einer gesamtgesellschaftlichen Perspektive plädiert Sennett dafür, diesen Fakt zu nutzen, um die neue Form des Kapitalismus zu reformieren. Welche Reformen dies genau beinhalten soll bzw. wie diese explizit aussehen können – ob er ein sozialistisches (oder anderes) Denkmodell vertritt oder ob ihm hierbei die bloße Beschränkung der als negativ empfundenen Phänomene, die die neue Form des Kapitalismus mit sich gebracht hat, vorschwebt, wird an dieser Stelle nicht näher erörtert.

Sennett argumentiert, dass „die Stärkung des Ortes […] [wie auch der der] Sehnsucht der Menschen nach der Verwurzelung in einer Gemeinde [eine der unbeabsichtigten Folgen des modernen Kapitalismus ist]. All die emotionalen Bedingungen modernen Arbeitens beleben und verstärken diese Sehnsucht: die Ungewissheiten der Flexibilität; das Fehlen von Vertrauen und Verpflichtung; die Oberflächlichkeit des Teamworks; und vor allem die allgegenwärtige Drohung, ins Nichts zu fallen, nichts „aus sich machen zu können", das Scheitern daran, durch Arbeit eine Identität zu erlangen. All diese Bedingungen treiben Menschen dazu, woanders nach Bindung und Tiefe zu suchen."[112] Veränderungen können sich dementsprechend nach Sennett durch eine bewusste Identifikation mit anderen Menschen durch ein „Wir" ermöglichen. Durch diese Betonung von Gemeinschaft an einem Ort und einem damit verbundenen größeren Einfluss auf Unternehmen, die an diesem ansässig sind, wäre es nach Sennett möglich, Verhaltensmaßregeln für diese Firmen zu erzwingen, die dann „oft zur inneren Reform"[113] führen.

Auch ist die Betonung bzw. das Leben von Gemeinschaft eine Möglichkeit für Menschen, den im Untertitel markant als Drift bezeichneten Phänomenen, die u.a. aus dem des Scheiterns, dem des ständigen Risikos, etc. bestehen, die Folgen dieser Phänomene besser oder gerade erst dann zu verarbeiten. Er führt in diesem Kontext an, dass der vermutete dichotome Gegensatz zwischen dem „Selbstständig-Sein" und „Abhängig-Sein" nicht stimmt. Sennett bemerkt, dass sich auch selbstständige

---

[111] Vgl. ebd.
[112] Ebd., S.190
[113] Ebd., S.188

Personen auf andere Personen stützen – sei es im familialen Rahmen, in Liebesbeziehungen oder Freundschaften.[114] Er setzt sich für eine „positivere Sicht der Abhängigkeit"[115] ein, da die „Scham über die Abhängigkeit [...] das gegenseitige Vertrauen und die Verpflichtung auf ein gemeinsames Ziel [untergräbt] [...] und das Fehlen dieser sozialen Bindung [...] die Funktion jeder kollektiven Unternehmung [bedroht]."[116] Als kollektive Unternehmung sieht Sennett die bereits erwähnte Verteidigung von „Menschen gegen [die] [...] energische neue Form des Kapitalismus"[117].

Er schließt seinen Essay mit der scheinbaren Prognose ab, dass ein „Regime, das Menschen keinen tiefen Grund gibt, sich umeinander zu kümmern, [...] seine Legitimität nicht lange aufrechterhalten [kann]"[118]

3   Persönliche Wertung des Essays

Nach einer intensiven Beschäftigung mit Richard Sennetts Werk „Der flexible Mensch" fällt es mir relativ schwer, ein abschließendes Fazit zu ziehen, welches dem Essay entweder die Wertung „gut" oder „nicht gut" zukommen lässt.

So komplex und umfassend die behandelten Themen in diesem Buch sind, so sehr muss ich auch in der Bewertung derselben differenzieren.

Dem auf dem Umschlag genannten Teil der Rezension des Focus – „Wer wissen will, wohin wir treiben, kann diesen Essay als Logbuch lesen." - kann ich nicht ohne Einschränkungen   zustimmen.

Ich habe bei der Arbeit mit dem Essay nach einer anfänglichen Phase des relativ uneingeschränkten Wohlwollens feststellen müssen, dass – wie Uwe Justus Wenzel in der Rezension der „Neue Zürcher Zeitung" schreibt, sehr viele der zentralen Thesen des Buches auf den persönlichen Erfahrungen des Autors beruhen. Durch

---

[114] Vgl. ebd., S.192f
[115] Ebd.
[116] Ebd., S.194
[117] Ebd., S.191
[118] Ebd., S.203

dieses induktive Vorgehen ist die Wahrscheinlichkeit von Mängeln an der Aussagekraft der Thesen relativ groß und eine Aussagekraft, „wohin wir treiben" besteht nur eingeschränkt.

Bei dieser Argumentation muss jedoch beachtet werden, dass das Werk auch keine wissenschaftliche Studie darstellt, sondern vielmehr als Essay verfasst wurde. Ein Essay ist charakterisierbar dadurch, dass er keine wissenschaftliche Analyse beinhaltet, sondern vielmehr Denkversuche und Deutungen.[119] Diese definitorische Verortung ermöglicht es mir, den Essay als Werk zu sehen, welches einer relativ subjektiven Perspektive eine Bestandsaufnahme der gesellschaftlichen und ökonomischen Verhältnisse, sowie deren Einflüsse aufeinander darstellt. Vor allem in den beiden letzten Kapiteln zeigt Sennett theoretisch relativ abstrakte Handlungsmöglichkeiten auf, wie den wahrgenommenen Bedrohungen und größer werdenden Einflüssen auf nahezu alle Bereiche des Lebens beizukommen bzw. entgegenzuwirken wäre.

Auch um Diskussionen anzuregen, wie Menschen sich unter den von Sennett wahrgenommenen, sich verändernden Umstände und den von mir ebenso als existent betrachteten Bedrohungen, die die neue „Ordnung" des modernen Kapitalismus mit sich bringt, verhalten können bzw. wie Menschen und / oder gesellschaftliche Gruppen dieser sowohl auf der Ebene des eigenen (bspw. Konsum-) Verhaltens, aber auch auf gesellschaftspolitischer Ebene entgegentreten könnten, empfinde ich den Essay sehr gut geeignet.

Die von Sennett dargestellten Möglichkeiten, die im achten Kapitel – „das gefährliche Pronomen" dargestellt werden, wurden von Uwe Justus Wenzel kommentiert mit den Worten: „Vielleicht ist das keine Sozialromantik, vielleicht aber doch."[120]

Während meiner Beschäftigung mit dem Text empfand ich die Perspektive Sennetts auf etwaige Handlungsmöglichkeiten und auch die am Schluss getätigte Prognose befremdend. Zwar ist die Argumentation Sennetts sehr einleuchtend, aber wenn ich

---

[119] http://de.wikipedia.org/wiki/Essay
[120] http://www.amazon.de/exec/obidos/ASIN/344275576X

versuche, diese weiterzuentwickeln, dann wäre das durchaus wünschenswerte Ziel bspw. (und natürlich etwas verkürzt) eine Gesellschaft, die Menschen einen Grund gibt, sich umeinander zu kümmern[121] - im Sinne eines solidarischen Gemeinwesens. Ob den Ausmaßen und Möglichkeiten des Einflusses des modernen Kapitalismus allein hierdurch beizukommen ist bzw. ob die von Sennett genannten Möglichkeiten und Perspektiven des Handelns adäquate Formen des Umgangs darstellen, bleibt für mich fraglich. Diese Perspektive erweckt bei mir den Eindruck, dass hier – wie Sennett es in einem anderen Kontext formulierte – durch die auf die unmittelbare Gegenwart gerichtete Wahrnehmung größere Kontexte ausgeblendet werden. In der Konsequenz stellt sich mir die Frage, ob zur Anregung einer gewinnbringenden Diskussion nicht auch Mut erforderlich wäre, radikalere Thesen formulieren, die die Problematik unter diesem größeren Kontext thematisieren.

Sennett stellt Überlebensstrategien für diejenigen dar, die im modernen Kapitalismus zum Scheitern verurteilt sind[122], ohne dabei jedoch meines Erachtens adäquate langfristige Perspektiven zu entwickeln. An einigen Stellen konnte ich mich des Eindrucks der Sozialromantik – wie Uwe Justus Wenzel es formulierte – nicht erwehren.

Dennoch empfand ich den Essay in großem Maße bereichernd. Durch die multiperspektivische Annäherung Sennetts an von mir bislang gänzlich unreflektierte Themen und durch seine brillante Schreibweise haben sich mir neue Interpretations- und Argumentationsmöglichkeiten, sowie ein großes Interesse an einer weiteren Beschäftigung mit dem Themenkomplex eröffnet.

---

[121] Vgl. Richard Sennett, „Der flexible Mensch", Berlin 2002, S.203
[122] Vgl. ebd., S.185